Zu diesem Buch

Albert Einstein ist das Lieblingsgenie des 20. Jahrhunderts: als Mensch so sympathisch wie als Wissenschaftler kühn und unverständlich. Jeder weiß, daß sein Werk unser Weltbild verändert hat, kaum einer, wie.

Einstein für Anfänger beschreibt mit den Mitteln des dokumentarischen Comic, wie Albert und seine Freunde mit radikalen Ideen über Raum, Zeit und Materie gegen das wissenschaftliche Establishment angingen. Es erklärt, warum nichts schneller sein kann als das Licht. Es zeigt, wie die zweite industrielle Revolution mit den neuen Kommunikationssystemen und der Elektrotechnik die Relativitätstheorie vorbereiteten. **Einstein für Anfänger** berichtet nicht nur von Einstein. Es führt ein in die Geschichte der Physik – und trennt dabei Wissenschaft nicht von der Gesellschaft. Denn Einstein selbst war alles andere als ein Bewohner des Elfenbeinturms.

Joseph Schwartz lehrt Physik an der City University of New York. Michael McGuiness arbeitet als Grafiker und Illustrator in London.

Weitere sach-comics
Marx für Anfänger (7531)
Lenin für Anfänger (7532)
Atomkraft für Anfänger (7533)
Freud für Anfänger (Februar '80)
Mao für Anfänger (April '80)

EINSTEIN
für Anfänger

von Joseph Schwartz
& Michael McGuiness

Übersetzung aus dem Englischen
Michael Venzky-Stalling

Rowohlt

Deutsche Erstausgabe
Die englische Originalausgabe erschien unter dem Titel «Einstein for Beginners» bei Writers and Readers Publishing Cooperative, London

Redaktion Ludwig Moos
Lettering und Textmontage Jan Enns
Umschlagentwurf Heinz Waldvogel

1.–20. Tausend Dezember 1979
21.–35. Tausend Februar 1980
36.–55. Tausend Mai 1980

Veröffentlicht im Rowohlt Taschenbuch Verlag GmbH, Reinbek bei Hamburg, Dezember 1979

Gesamtherstellung Clausen & Bosse, Leck
580-ISBN 3 499 17534 7

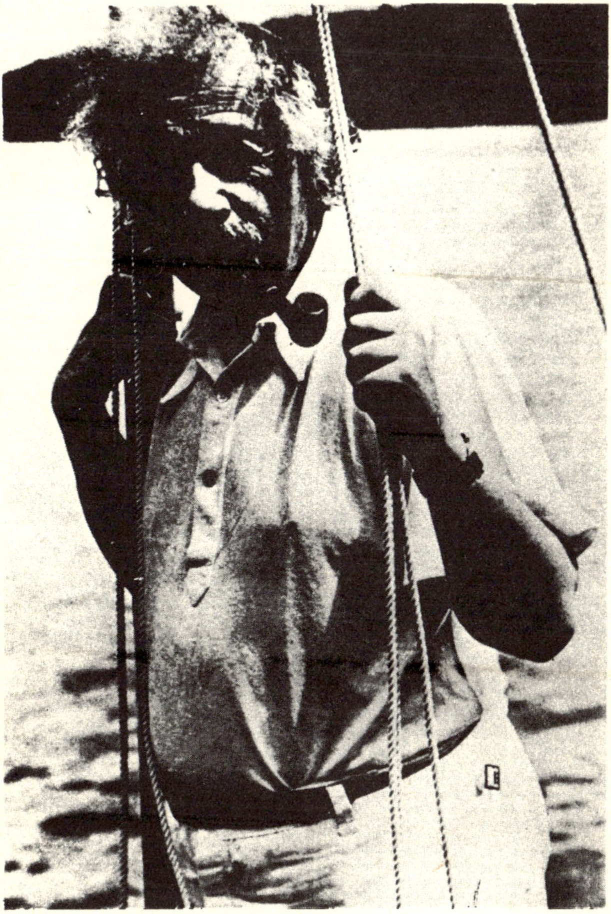

«Ich habe keine besondere Begabung, sondern bin nur leidenschaftlich neugierig.»

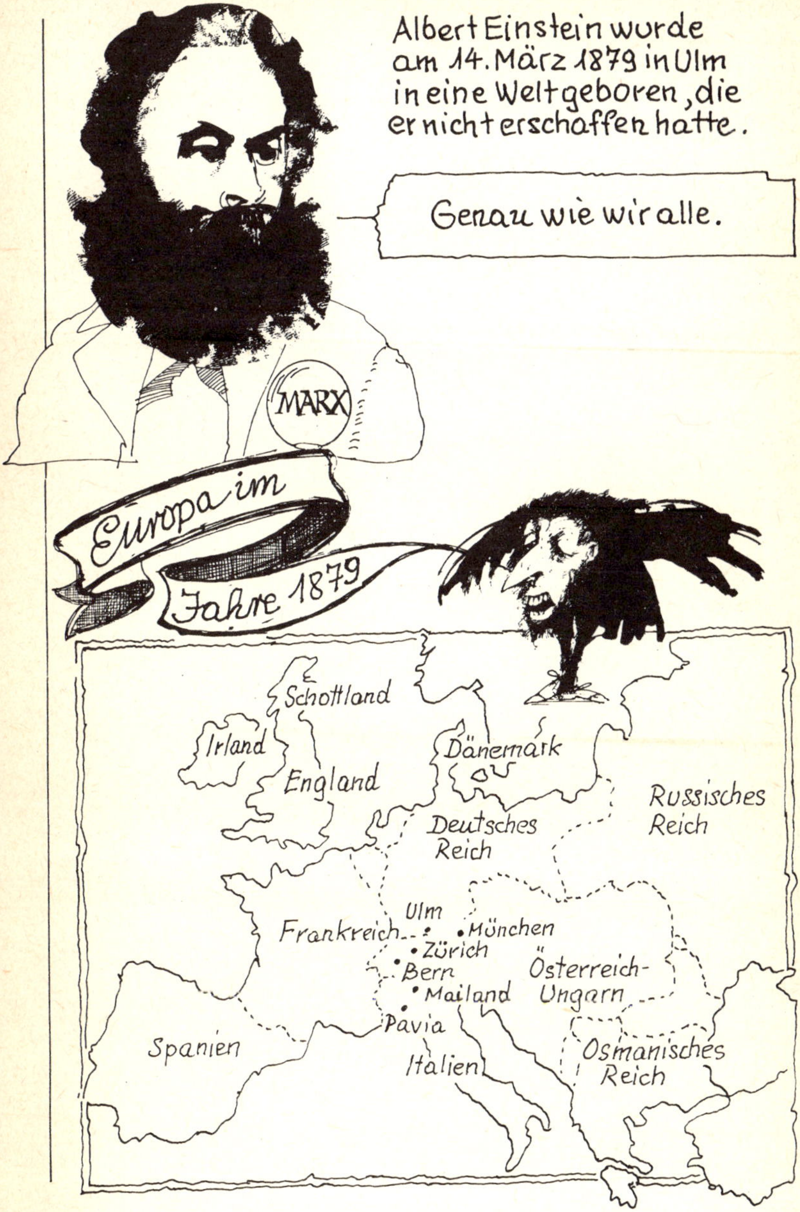
Albert Einstein wurde am 14. März 1879 in Ulm in eine Welt geboren, die er nicht erschaffen hatte.
Genau wie wir alle.
MARX
Europa im Jahre 1879
Schottland
Irland
England
Dänemark
Russisches Reich
Deutsches Reich
Ulm
München
Frankreich
Zürich
Bern
Österreich-Ungarn
Mailand
Pavia
Spanien
Italien
Osmanisches Reich

Was tat sich in der Welt?

1871 **Der Deutsch-Französische Krieg** – Preußen annektiert Elsaß-Lothringen, ruft das Deutsche Reich aus, erhält 5000000000 Francs Entschädigung und heizt damit die Spekulation an.

Die Pariser Kommune – Arbeiter und Soldaten übernehmen die Pariser Verwaltung für drei Monate. Die Kommune wird mit Hilfe der preußischen Armee niedergeworfen. Etwa 20000 Kommunarden werden von der französischen Regierung hingerichtet.

1873 **Die weltweite Finanzkrise von 1873** – Die schlechten wirtschaftlichen Verhältnisse dauern ohne wesentliche Verbesserung bis 1890 an. 160 neue Firmen gehen bankrott, der Stahlverbrauch sinkt um 50%, die Löhne der Bergleute verringern sich um die Hälfte. 17 schwere Jahre für das Volk; große Gewinne und Konsolidierung für einige wenige.

1878 Bismarck verabschiedet seine Gesetze gegen die Sozialdemokratie, um die politische Agitation der Arbeiterklasse zu verhindern.

Otto Von Bismarck
1815-1898

Deutscher Reichskanzler
1864-1890

1879 Wilhelm Marr, Erfolgsschriftsteller mit «Der Sieg des Judentums über das Germanentum», prägt den Ausdruck ‹Anti-Semitismus› und gründet die **Liga der Anti-Semiten**.

Hermann Wagener
1815-1889
Der jüdische Volksstamm hat tatsächlich anderes Blut als die christlichen Völker Europas, einen anderen Körper, eine andere Konstitution, andere Gefühle und Leidenschaften. Fügen wir zu diesen Besonderheiten noch die dicke, fette Haut hinzu und das dünne, vielfach zur Krankheit neigende Blut, so sehen wir den Juden als weißen Neger vor uns, dem aber die robuste Natur und die Fähigkeit des Negers zur körperlichen Arbeit fehlen, und der statt dessen ein Gehirn hat, das von der Größe und Regsamkeit her den Juden den kaukasischen Völkern nahebringt.
Bismarcks Freund und Vertrauter
Kannste mal sehen! Wenn's nicht die Juden sind, dann sind's die Iren, und wenn die's nicht sind, dann sind's die Schwarzen!
Mamma mia, also bei uns schieben wir alles auf die Sizilianer!

Wir befinden uns in einem Zeitalter, in dem die Industrialisierung überall große Fortschritte macht. In ganz Europa treibt es die Bewohner vom Land in die Städte.

Die jüdische Landbevölkerung Süddeutschlands fällt zwischen 1870 und 1900 um 70%. Viele wandern nach Amerika aus.

1880 macht Alberts Vater bankrott – die Wirtschafts-Krise ist schuld daran – und die Familie Einstein zieht von Ulm, Einwohnerzahl 15000, nach München, einer Stadt mit 230000 Einwohnern. Albert ist ein Jahr alt.

Hermann Einstein
1847 - 1902
Alberts Vater
Freimann aus Buchau

Die Juden waren bis 1867 nicht völlig emanzipiert. Ein Freimann war deshalb etwas Besonderes.

Pauline Koch
1858 - 1920
Alberts Mutter
Tochter des Hof-lieferanten Julius Koch-Bernheimer

Das Wachstum der chemischen und der elektrischen Industrie spielt eine entscheidende Rolle in der Industrialisierung Deutschlands.

Die chemische Schwerindustrie:
Massenproduktion von Soda, Nitraten, Seifen und Schwefelsäure zum Bleichen, Färben, Drucken, zur Herstellung von Sprengstoffen und Kunstdüngern.

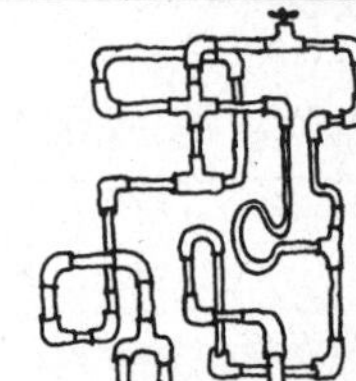

Intensive wissenschaftliche Forschung zur Möglichkeit der Ausnutzung von Nebenprodukten der Kohle.

Die leichte chemische Industrie:
Anilinfarben, pharmazeutische Mittel, Kunststoffe.

Bildung von Kartellen:
I. G. Farben, Krupp usw.

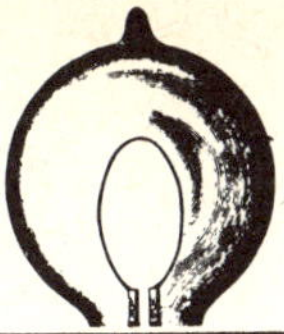

Gut für weitere Experimente geeignet

Bringt Gewinn

Nachrichtenübermittlung mit Hilfe von Elektrizität, 1837:
Telegraphen, Leitungskabel, Batterien, Stecker, isolierte Drahtspulen, Schalter, Meßgeräte.

Galvanisation, 1840:
Feine Tischbestecke und Haushaltsgegenstände für den wohlhabenden Mittelstand.

Elektrisches Licht, 1860:
Bogenlampen für die Beleuchtung von Straßen, Hafenanlagen, Bahnhöfen und schließlich Privathäusern.

Elektrische Energieversorgung, 1880:
Elektrifizierung der Eisenbahnen, Hochöfen, Maschinen. Kraftwerke und Verteilernetze werden gebaut.

1881. In einer Münchner Vorstadt eröffnet Alberts Vater mit seinem Bruder Jakob, einem gelernten Ingenieur, eine kleine Fabrik. Sie stellen Dynamos, elektrische Geräte und elektrische Bogenlampen her.

Hermann und Jakob gehören zur deutschen Elektroindustrie.......

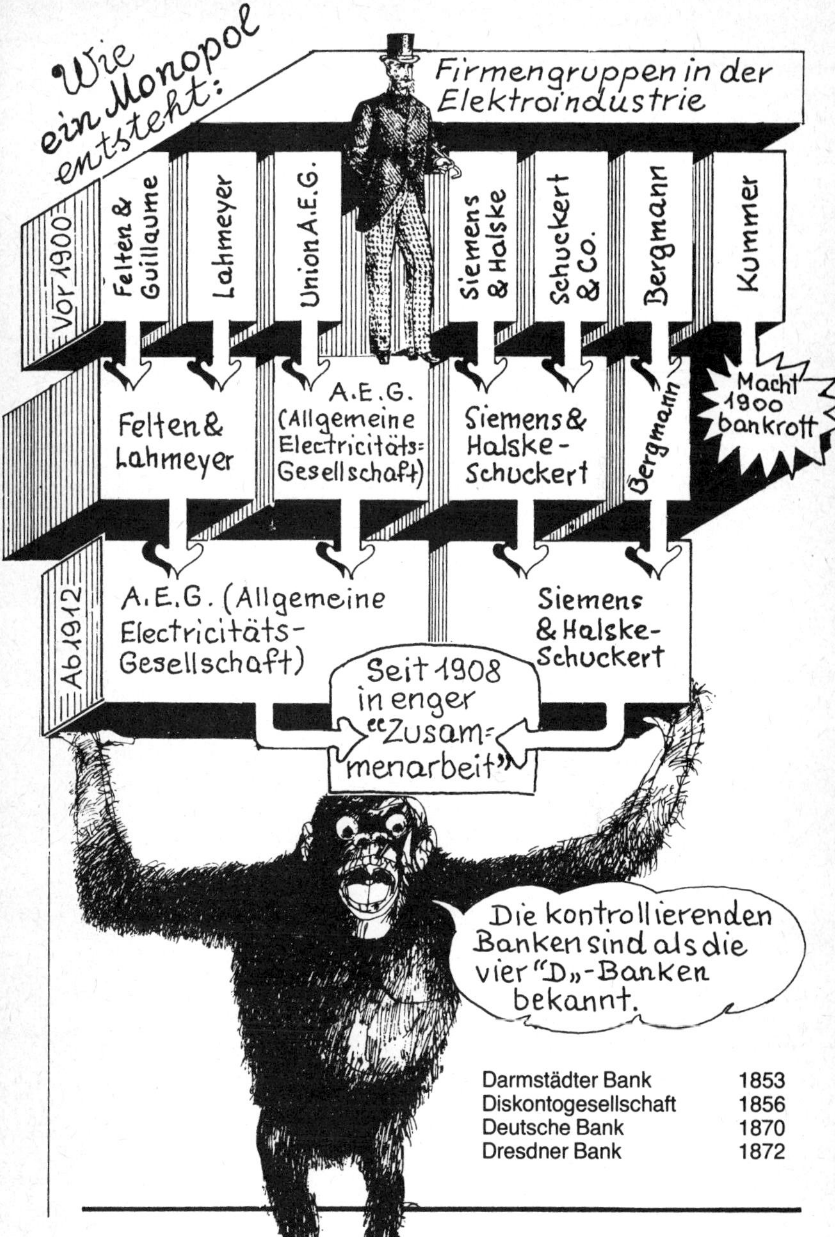

Darmstädter Bank	1853
Diskontogesellschaft	1856
Deutsche Bank	1870
Dresdner Bank	1872

Mit dem Jahr 1913 befindet sich der halbe Elektro-Welthandel in deutschen Händen.

Hermann und Jakob Einstein sind in Schwierigkeiten. Ihre kleine Fabrik kann sich im Wettbewerb gegen Riesen wie Siemens und Halske nicht behaupten.

Johann Georg Halske
1808-1886

Hersteller von wissenschaftlichen Geräten an der Universität von Berlin. Schließt sich 1847 mit Siemens zusammen.

Werner von Siemens
1816-1892

Aus guter Hannoveraner Familie. Geht auf die Artillerie- und Ingenieurschule der preußischen Armee. Erfindet 1867 den modernen Dynamo.

Da die Elektrizität in unserer Geschichte eine so große Rolle spielt, lohnt es sich, die Firma Siemens und Halske näher zu betrachten.

Siemens' erste Erfindung ist eine Verbesserung der Versilberungs- und Vergoldungsmethoden.

1843 verkauft sein Bruder Karl, der als sein Agent handelt, die Rechte an die Firma Elkington in Birmingham.

THE WONDER of the AGE ! !
INSTANTANEOUS COMMUNICATION.

Under the special Patronage of Her Majesty & H.R.H. Prince Albert.

THE GALVANIC AND ELECTRO-MAGNETIC
TELEGRAPHS,
ON THE
GT. WESTERN RAILWAY.

May be seen in constant operation, daily, (Sundays excepted) from 9 till 8, at the
TELEGRAPH OFFICE, LONDON TERMINUS, PADDINGTON AND TELEGRAPH COTTAGE, SLOUGH STATION.

An Exhibition admitted by its numerous Visitors to be the most interesting
and ATTRACTIVE of any in this great Metropolis. In the list of visitors are the
illustrious names of several of the Crowned Heads of Europe, and nearly the
whole of the Nobility of England.
"*This Exhibition, which has so much excited Public attention of late, is well*
worthy a visit from all who love to see the wonders of science."—MORNING POST.
The Electric Telegraph is unlimited in the nature and extent of its com-
munications; by its extraordinary agency a person in London could converse with
another at New York, or at any other place however distant, as easily and nearly as
rapidly as if both parties were in the same room. Questions proposed by Visitors
will be asked by means of this Apparatus, and answers thereto will instantaneously
be returned by a person 20 Miles off, who will also, at their request, ring a bell
or fire a cannon, in an incredibly short space of time, after the signal for his
doing so has been given.

The Electric Fluid travels at the rate of 280,000 Miles per Second.

By its powerful agency Murderers have been apprehended, (as in the late case
of Tawell,)—Thieves detected; and lastly, which is of no little importance, the
timely assistance of Medical aid has been procured in cases which otherwise would
have proved fatal.
The great national importance of this wonderful invention is so well known
that any further allusion here to its merits would be superfluous.
N.B. Despatches sent to and fro with the most confiding secrecy. Messengers
in constant attendance, so that communications received by Telegraph, would
be forwarded, if required, to any part of London, Windsor, Eton, &c.

ADMISSION ONE SHILLING.

T. HOME, *Licensee.*

Nurton, Printer, 48, Church St. Portman Market.

Siemens schließt sich dem Kreis der Wissenschaftler an der Berliner Universität an. Er entwickelt ein verbessertes Telegraphensystem. Die Verbesserung besteht darin, daß die Leitung jetzt nahtlos mit einem billigen Material (Guttapercha – eine gummiähnliche Pflanzensubstanz) isoliert wird.

1847 gründet er die Telegraphenbauanstalt von Siemens und Halske zur Herstellung und Installation von telegraphischen Anlagen.

1848 erhält Siemens von der preußischen Regierung den Auftrag, in Norddeutschland ein Telegraphennetz aufzubauen.

1850 verliert Siemens den preußischen Auftrag. Aber in Rußland gelingt es ihm, dem Zaren ein ausgedehntes Telegraphennetz zu verkaufen.

1854 – 1856
Dank Siemens können wir verfolgen, was sich im Krimkrieg tut!
Sind die Wissen= schaftler nicht toll?
Mit den russischen Gewinnen finanziert er sein nächstes GROSS= UNTER= NEHMEN – die Unter= wasserkabel= telegraphie!

Zwischen 1857 und 1868 wird das erste transatlantische Kabel verlegt.

1870 betreibt Siemens die Verlegung des indoeuropäischen Telegraphen. Die Leitung verbindet London mit Berlin, Odessa, Teheran und Kalkutta. Siemens wird Ratgeber der britischen Regierung. Sein Schiff, die „Faraday", verlegt fünf transatlantische Kabel zwischen 1875 und 1885.

Die Elektrizität wird zum Gebrauchsartikel. Die ersten Absatzmärkte sind Beleuchtungsanlagen für Häfen, Bahnhöfe und Straßen.

1882 – Edison betreibt den Bau des ersten zentralen Kraftwerks.

Pearl Street Station der Edison Electric Illuminating Company

Elektrizität wird weltweit die große Mode. Jeder will bei dem Geschäft mit dabei sein.

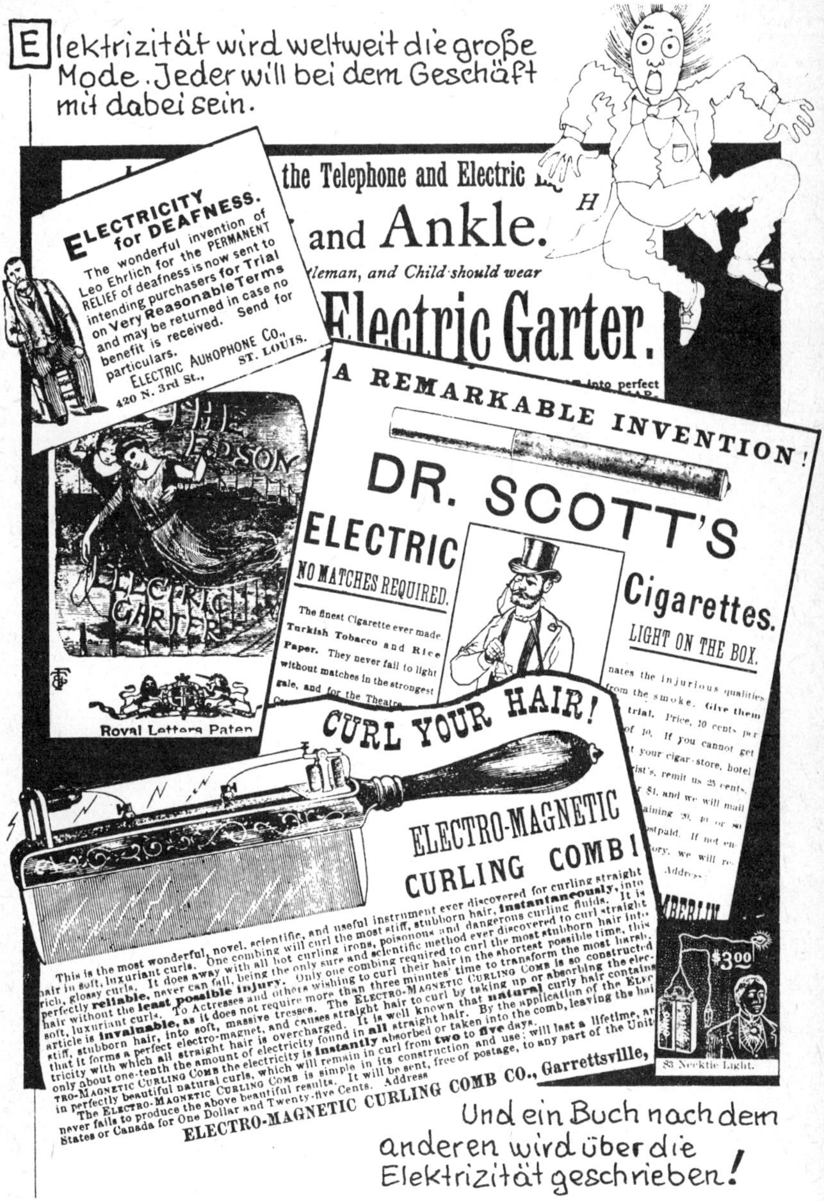

Und ein Buch nach dem anderen wird über die Elektrizität geschrieben!

1887 gründet die deutsche Regierung die **Physikalisch-Technische Reichsanstalt**, deren Aufgabe die Forschung auf dem Gebiet der Naturwissenschaften und der Präzisionstechnologie sein soll. Siemens stiftet 500 000 Mark. Sein alter Freund Hermann von Helmholtz von der Berliner Universität wird zum Leiter ernannt.

Hermann Von Helmholtz

1821–1894.

Ausbildung zum Stabsarzt. Ihm wird die Entdeckung – auf Grund seiner medizinischen Erfahrungen – des Prinzips der Erhaltung der Energie zugeschrieben. Als neuer Professor für Naturphilosophie beginnt Helmholtz 1871 mit einer systematischen Prüfung aller Theorien zur Elektrizität und zum Magnetismus. Sein Laboratorium wird zum Mittelpunkt der europäischen physikalischen Forschung. Er ist anerkannt als Patriarch der deutschen Naturwissenschaft und wichtigster wissenschaftlicher Ratgeber der Regierung.

Albert wurde also geboren, als sich die Elektrizität bereits zu einem großen Geschäft entwickelt hatte und zu einer der populärsten Wissenschaften geworden war. Alberts Zukunft sollte von der Förderung der technischen Ausbildung und der Forschung durch den deutschen Staat stark beeinflußt werden.

1881 wird Alberts Schwester Maja geboren.

Alberts engste Kinderfreundschaft

Albert erweist sich als langsames, verträumtes Kind. Selbst im Alter von neun Jahren spricht er nur zögernd.

Alberts Deutschland ist ein sehr militaristisches Land...

Die Rüstungsausgaben zwischen 1870 und 1890 steigen fast um das **Dreifache.**

Das Offizierskorps wächst von 3000 auf 22500 Mann an. Eine Wehrdienstzeit von drei Jahren ist Pflicht. Sozialistische Literatur ist verboten. Jugendliche werden eingeschüchtert und erniedrigt.

Veteranenverbände werden vom Staat unterstützt. Die Mitgliedschaft steigt von 27000 im Jahre 1873 auf 400000 im Jahre 1890 und 1000000 im Jahre 1900.

Die Staatsoberhäupter zeigen sich alle in Uniform.

Sogar die Taxifahrer haben eine Uniform an.

Albert gefällt das nicht.

Albert geht zur Schule...

...und die ist sehr militaristisch.

Albert geht auf eine katholische Schule.

Er ist der einzige Jude in der Klasse...

(Alberts Vater war ein nicht-religiöser Jude, der die koscheren Speisegesetze als alten Aberglauben betrachtete.)

Die Wellengeschwindigkeit hängt nur vom Medium ab, nicht aber von der Quelle. Zum Beispiel: Nach der Wellentheorie legt der Schall eines vorbeifahrenden Zuges die Entfernung zu einem Beobachter immer in der gleichen Zeit zurück, unabhängig von der Eigengeschwindigkeit des Zuges. Und Maxwells Gleichungen machten dieselbe Vorhersage für das Licht. Ein Beobachter auf der Erde müßte für das von Alberts Gesicht reflektierte Licht immer die gleiche Geschwindigkeit feststellen, ganz unabhängig davon, wie schnell Albert selbst sich bewegt.
Doch wenn der Beobachter auf der Erde wirklich immer die gleiche Lichtgeschwindigkeit für Strahlen von Alberts Gesicht feststellt, ganz egal wie schnell Albert sich fortbewegt, dann müßte Albert in der Lage sein, das von seinem Gesicht reflektierte Licht einzuholen und so sein Spiegelbild verschwinden zu lassen. Wenn aber das Spiegelbild nicht verschwinden sollte, so bedeutet das, daß das Licht sich mit normaler Geschwindigkeit auf den Spiegel zu bewegt. Dann allerdings müßte der Beobachter auf der Erde für das sich auf den Spiegel zu bewegende Licht die doppelte Lichtgeschwindigkeit feststellen. Doch wenn der Beobachter auf der Erde . . . Au Backe!

Albert versucht herauszufinden, ob eine Möglichkeit besteht, daß die Lichtgeschwindigkeit sowohl für den ruhenden als auch für den sich bewegenden Beobachter gleich ist.

Das bringt ihn einem Nervenzusammenbruch nahe...

«Im Lichte bereits erlangter Erkenntnis erscheint das glücklich Erreichte fast wie selbstverständlich, und jeder intelligente Student erfaßt es ohne zu große Mühe. Aber das ahnungsvolle, Jahre währende Suchen im Dunkeln mit seiner gespannten Sehnsucht, seiner Abwechslung von Zuversicht und Ermattung und seinem endlichen Durchbrechen zur Wahrheit, das kennt nur, wer es selber erlebt hat.»

Die Relativitätstheorie ist Alberts Erfüllung dieser scheinbar unmöglichen Forderung.

Um Fortschritte zu machen, muß sich Albert zunächst davon überzeugen, daß sein Spiegelbild normal bleibt, auch wenn er sich mit Lichtgeschwindigkeit bewegt. Albert braucht ein **allgemeines Prinzip**, auf das er sich stützen kann, und das ihm die Zuversicht gibt weiterzuforschen.
Und genau diese Zuversicht gibt ihm ein altes physikalisches Prinzip, das bis dahin nie besonders nützlich gewesen war, nämlich . . .

... Das Prinzip der Relativität

Galilei hatte große Schwierigkeiten mit der Inquisition. Seine Bewegungs-Experimente führten zum **Relativitätsprinzip**.

SIDEREVS
NVNCIVS
MAGNA, LONGEQVE ADMIRABILIA
Spectacula pandens, suspiciendaque proponens
vnicuique, præsertim verò
PHILOSOPHIS, atq; ASTRONOMIS, quæ à
GALILEO GALILEO
PATRITIO FLORENTINO
Patauini Gymnasij Publico Mathematico
PERSPICILLI
Nuper à se reperti beneficio sunt obseruata in LVNÆ FACIE, FIXIS INNVMERIS, LACTEO CIRCVLO, STELLIS NEBVLOSIS,
Apprime verò in
QVATVOR PLANETIS
Circa IOVIS Stellam disparibus interuallis, atque periodis, celeritate mirabili circumuolutis; quos, nemini in hanc vsque diem cognitos, nouissimè Author depræhendit primus; atque
MEDICEA SIDERA
NVNCVPANDOS DECREVIT.
VENETIIS, Apud Thomam Baglionum. M DC X.
Superiorum Permissu, & Priuilegio.

Galilei war Professor für Mathematik und Militärtechnik in Pisa in Italien

Galilei war mit verschiedenen Erfindungen beschäftigt. Er baute das erste Teleskop in Italien und verkaufte es prompt an den Dogen von Venedig für die Summe von 1000 Dukaten und eine lebenslange Professur an der Universität.

«Ich habe ein Teleskop hergestellt, ein Ding zu jeglicher Verwendung an Land und zur See, und ein Unternehmen von unschätzbarem Wert. Man kann damit die Flotten und Segel feindlicher Schiffe schon aus viel größerer Entfernung als sonst üblich sehen, so daß wir den Feind zwei oder mehr Stunden eher entdekken als er uns, und dadurch, daß wir Anzahl und Stärke seiner Schiffe erkennen, entscheiden können, ob wir ihn verjagen oder angreifen sollen oder selbst flüchten müssen . . .»

Galilei benutzte das Teleskop auch zur Beobachtung der Monde des Jupiter. Da er ein praktischer Mann war, der Geld brauchte, versuchte er, das Teleskop zunächst an den König von Spanien und dann an die niederländischen Generalstaaten als Navigationshilfe zu verkaufen.

Und außerdem trug Galileis Erfindung auch dazu bei, die Leute davon zu überzeugen, daß sich die Planeten um die Sonne bewegen.

Aber Galileis Hauptinteresse galt der Bewegung der Erde...

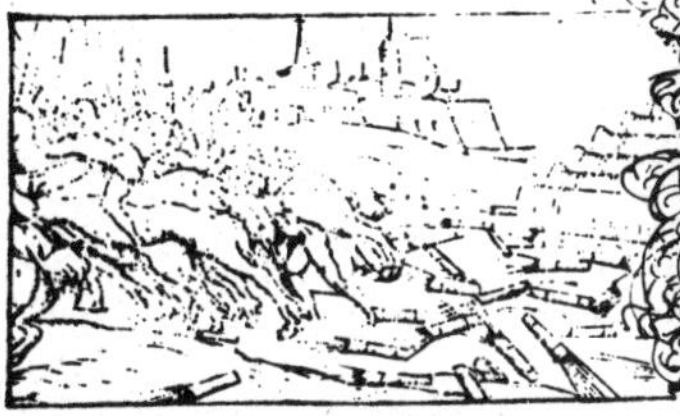

Galilei führte Nicolo Tartaglias Forschungen weiter. Tartaglia hatte angenommen, daß die maximale Reichweite einer Kanone dann erreicht wird, wenn ihr Lauf auf 45° ausgerichtet ist.

Galilei erkannte, daß die Bewegung von Geschossen untersucht werden kann, indem man die waagerechte und die senkrechte Bewegung getrennt betrachtet.

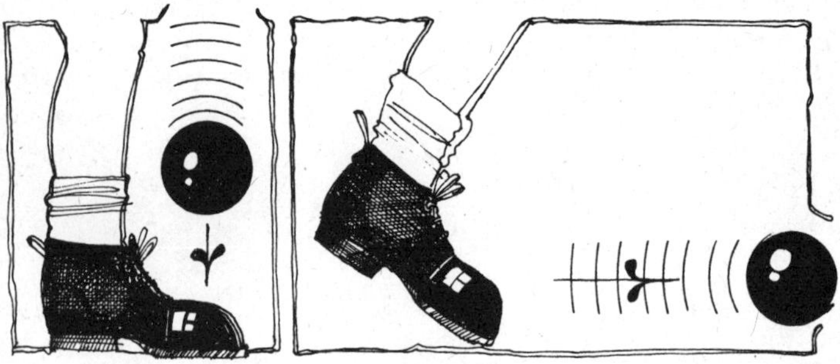

Wenn man also die waagerechte und senkrechte Bewegung miteinander verbindet, würde das bedeuten, daß..

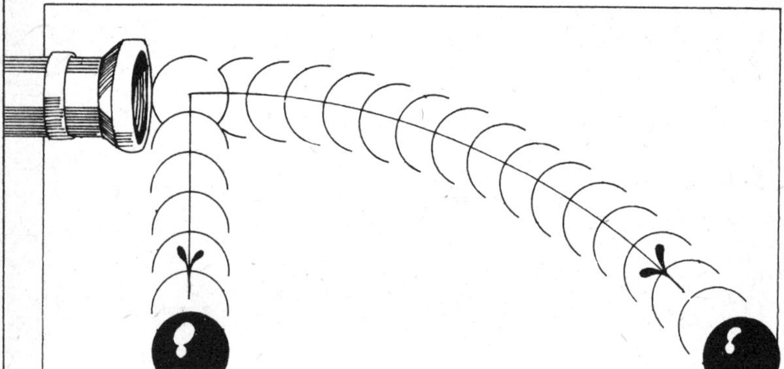

... eine Kanonenkugel, die aus einer genau waagerechten Kanone abgeschossen wird, und eine Kugel, die gleichzeitig senkrecht aus der Mündung der Kanone fällt, zur gleichen Zeit aufschlagen müßten.

Und das ist ein seltsames Ergebnis!

1 wird die vertikale Bewegung überhaupt nicht von der horizontalen Bewegung beeinflußt?

2 Wenn ich mich gleichförmig bewege, wirdie vertikale Bewegung davon **überhaupt nicht** beeinflußt.

3 Galilei erweiterte daraufhin seine Argumentation und erklärte, man könne vertikale oder irgendeine Bewegung überhaupt nicht dazu benutzen, um eine horizontale Bewegung festzustellen.

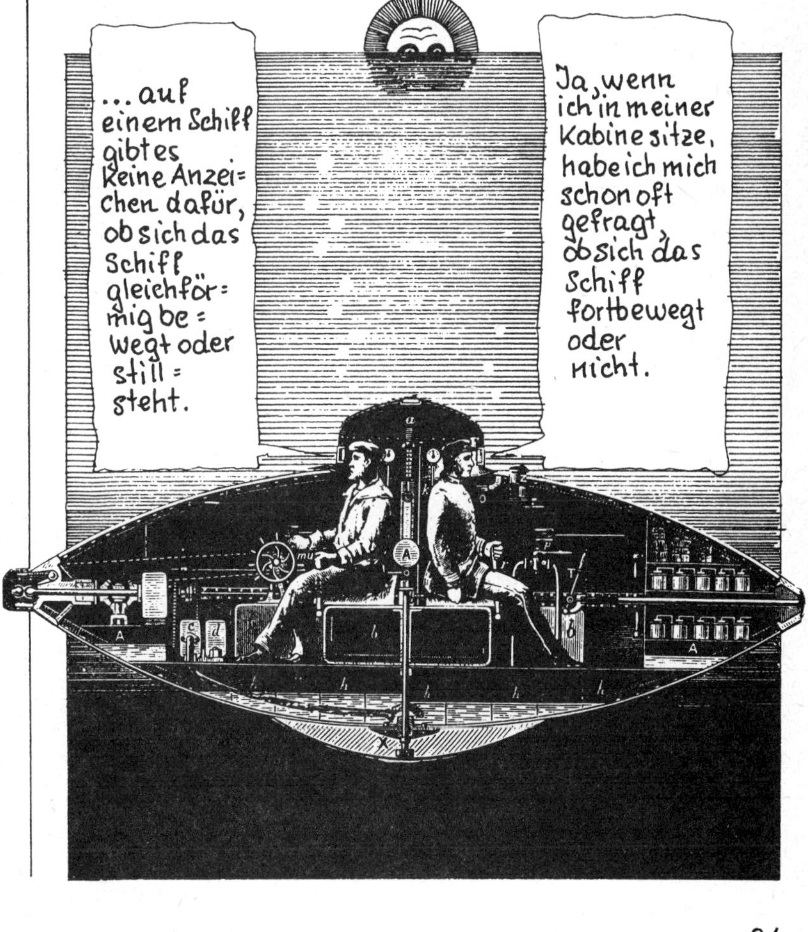

Das Relativitätsprinzip hört sich ziemlich harmlos an. Die Verwerfung der absoluten Ruhe war kein brennendes Problem. Doch im Zusammenhang mit der Äthertheorie ergaben sich überzeugende Argumente, die später zur Relativitätstheorie führen sollten...

1905. № 6.

ANNALEN
DER
PHYSIK.

VIERTE FOLGE.
BAND 17. HEFT 1.

KURATORIUM:
F. KOHLRAUSCH, M. PLANCK, G. QUINCKE,
W. C. RÖNTGEN, E. WARBURG.

UNTER MITWIRKUNG
DER DEUTSCHEN PHYSIKALISCHEN GESELLSCHAFT

M. PLANCK

PAUL DRUDE.
MIT EINER TAFEL.

LEIPZIG, 1905.
VERLAG VON JOHANN AMBROSIUS BARTH.
ROSSPLATZ 17.

... die zuerst in dieser Zeitschrift veröffentlicht wurde.

Wenn man das Relativitätsprinzip berücksichtigt, behauptet Albert, müßte ich mein Spiegelbild ganz normal sehen können, selbst wenn ich mich mit Lichtgeschwindigkeit bewege.

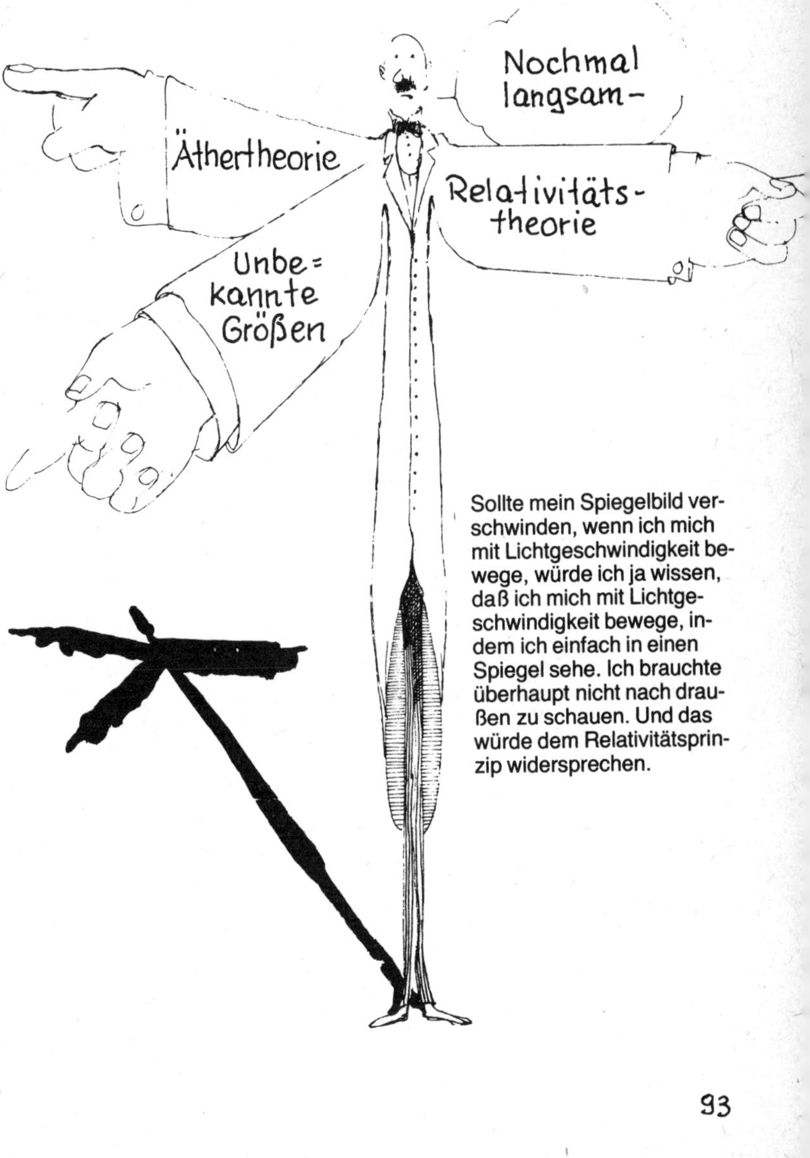

Sollte mein Spiegelbild verschwinden, wenn ich mich mit Lichtgeschwindigkeit bewege, würde ich ja wissen, daß ich mich mit Lichtgeschwindigkeit bewege, indem ich einfach in einen Spiegel sehe. Ich brauchte überhaupt nicht nach draußen zu schauen. Und das würde dem Relativitätsprinzip widersprechen.

Nach dem Relativitätsprinzip ist das unmöglich.

Damit war die Hälfte des Problems gelöst. Alberts Spiegelbild müßte normal bleiben. Aber wie kann Albert sehen, daß die Lichtwellen sein Gesicht **relativ zu ihm** mit Lichtgeschwindigkeit verlassen . . . wenn gleichzeitig für Beobachter auf der Erde die Lichtwellen Alberts Gesicht mit Lichtgeschwindigkeit **relativ zu ihnen**, den Beobachtern, verlassen?
Wie ist das möglich?

Geschwindigkeit ist Entfernung geteilt durch Zeit (wie Kilometer pro Stunde). Albert erkennt, daß bei gleicher Geschwindigkeit Entfernung und Zeit **verschieden** sein müssen. Das bedeutet also, daß mit der Zeit etwas nicht stimmen kann.

Möglicherweise beobachten der sich bewegende und der ruhende Beobachter **verschiedene Zeiten ...**

... wenn beide für das Licht die **gleiche** Geschwindigkeit feststellen.

Da Albert das Relativitätsprinzip als Ausgangspunkt benutzt, ist er gezwungen, die Konzepte von Raum und Zeit neu zu definieren, um zu einer Lösung zu gelangen.

In seinem Artikel in den **ANNALEN DER PHYSIK** gelangt Albert im Jahre 1905 schließlich zu der folgenden Formulierung:

ZUR ELEKTRODYNAMIK BEWEGTER KÖRPER

. . . die mißlungenen Versuche, eine Bewegung der Erde relativ zum «Lichtmedium» zu konstatieren . . .

wie beim Michelson-Morley-Experiment

. . . führen zu der Vermutung, daß dem Begriffe der absoluten Ruhe nicht nur in der Mechanik, sondern auch in der Elektrodynamik . . .

wozu die Ausbreitung von Lichtwellen gehört

. . . keine Eigenschaften der Erscheinungen entsprechen . . .

Damit meint er, daß Galileis Relativitätsprinzip sowohl für das Licht als auch für normale Bewegung gilt.

Wir wollen diese Vermutung (deren Inhalt im folgenden «Prinzip der Relativität» genannt werden wird) zur Voraussetzung erheben, und außerdem die mit ihm nur scheinbar unverträgliche Voraussetzung einführen . . .

Das heißt, er weiß, wie sich der Widerspruch auflösen läßt.

. . . daß sich das Licht im leeren Raume stets mit einer bestimmten, vom Bewegungszustande des emittierenden Körpers unabhängigen Geschwindigkeit *V* fortpflanze.

Er meint damit, daß jeder immer die gleiche Geschwindigkeit für das Licht feststellt.

Diese beiden Voraussetzungen genügen, um zu einer einfachen und widerspruchsfreien Elektrodynamik bewegter Körper zu gelangen unter Zugrundelegung der Maxwellschen Theorie für ruhende Körper.

Die Einführung eines «Lichtäthers» wird sich insofern als überflüssig erweisen, als nach der zu entwickelnden Auffassung weder ein mit besonderen Eigenschaften ausgestatteter «absolut ruhender Raum» eingeführt, noch einem Punkte des leeren Raumes, in welchem elektromagnetische Prozesse stattfinden, ein Geschwindigkeitsvektor zugeordnet wird.

Albert meint damit, daß die Ätherfrage ein für alle Mal erledigt ist. Der Raum braucht nicht mehr mit besonderen Eigenschaften ausgestattet zu sein, um Licht übertragen zu können.

Aus diesem Grund mußten gewisse herkömmliche Vorstellungen über **Zeit, Länge, Masse** und **Geschwindigkeit** durch neue Ideen ersetzt werden.

Alberts Argumente sind sehr einfach, weil sie sehr logisch sind. Solange wir die beiden Postulate von Albert aner-kennen, wird er uns genau zur richtigen Lösung führen.

Albert ist mit dem Ergebnis sehr zufrieden. Er schreibt an seinen Freund
Conrad
Habicht ....

Ist die Trägheit eines Körpers von seinem Energieinhalt abhängig?

[redacted]

Alberts Argumentation in dieser Abhandlung ist kein **Beweis**.

Eine Definition läßt sich nicht beweisen. Man kann höchstens zeigen, daß sie sinnvoll ist.

Ohne uns jetzt mit weiteren Gleichungen verrückt zu machen, wollen wir mal sehen, worauf Albert hinaus will:

1. Die alte Definition von Arbeit ($W = Ks$) und

2. der neue Tatbestand, daß nichts schneller als das Licht ist, ausgedrückt durch $K = \frac{mb}{(1 - \frac{V^2}{C^2})^{3/2}}$, bedeuten, daß

3. die Arbeit (Kraft) dazu verwendet wird, den Körper schwerer zu machen. Somit

4. erhöht Arbeit die träge Masse eines Körpers und daraus folgt, daß die träge Masse Energie hat. Konkret gesagt:

5. Die Beziehung zwischen Energie und träger Masse ist $\mathbf{E = mc^2}$.

6. Aber denkt daran – **niemand** weiß eigentlich genau, was träge Masse wirklich ist, oder warum sie überhaupt eine Eigenschaft von Körpern ist!

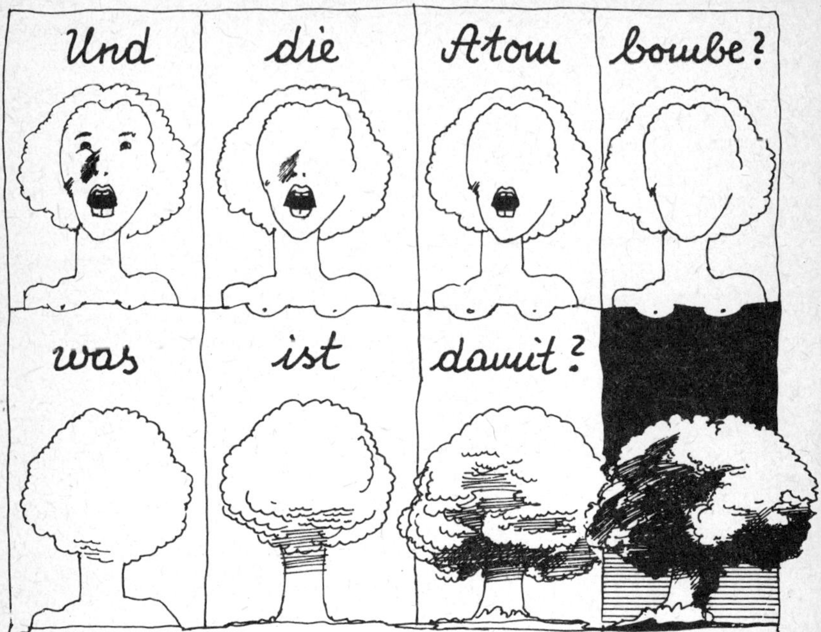

Albert behauptet nur, daß Energie träge Masse hat, und träge Masse Energie.

Wie man die träge Masse in Energie umwandelt, darüber hat er nichts gesagt.

Das ist eine **andere** Geschichte.

Albert hatte so gut wie gar nichts mit der Kernphysik zu tun. 1905 legte er die Relativitätstheorie vor.

Das Atombomben-Programm lief 1939 an. Und dazwischen liegt eine Menge Geschichte!

1905	Erste russische Revolution
1914	Erster Weltkrieg
1917	Revolution der Bolschewiken in Rußland
1919	Die deutsche Revolution niedergeschlagen
1929	Weltwirtschaftskrise
1933	Die Nationalsozialisten gelangen an die Macht
1939	Beginn des Zweiten Weltkriegs

Allerdings ließ sich Einstein durch Kollegen zu einem Brief an Präsident Roosevelt bewegen, «in dem die Notwendigkeit betont wurde, Experimente im Großen anzustellen zur Untersuchung der Möglichkeit der Herstellung einer Atombombe. Ich war mir der furchtbaren Gefahr wohl bewußt, welche das Gelingen dieses Unternehmens für die Menschheit bedeutete. Aber die Wahrscheinlichkeit, daß die Deutschen an demselben Problem mit Aussichten auf Erfolg arbeiten dürften, hat mich zu diesem Schritt gezwungen. Es blieb mir nichts anderes übrig, obwohl ich stets ein überzeugter Pazifist gewesen bin.»

Albert wurde während dieser Jahre weltberühmt – der erste Wissenschaftler, der die Phantasie der Menschen auf der ganzen Welt beschäftigte.
– Seine anderen Beiträge zur Physik (die Allgemeine Relativitätstheorie und die Quantentheorie) sind hier noch gar nicht erwähnt worden.
– Grundsätzlich aber war es seine Spezielle Relativitätstheorie, die nach jahrhundertelangem Mühen das Verständnis der Phänomene von Elektrizität und Magnetismus endgültig festigte.
– Nicht daß diese Theorie unbedingt zu neuen Forschungen auf neuen Gebieten führte. Ihr Hauptverdienst lag darin, einer neuen Generation von Forschern eine materialistische Methode der Fragestellung zu vermitteln, was zur Folge hatte, daß noch weitere Annahmen der klassischen Physik während der Bemühungen zum Verständnis des Elektrons verworfen wurden.
– Alberts Zustimmung dazu hatte man allerdings eigentlich nicht. Und vielleicht wird es sich einmal zeigen, daß seine Zurückhaltung ganz richtig war!

Albert war ein Radikaler und ein Jude. Er verlor nie seine politische Perspektive und sein Bewußtsein, Mitglied einer ethnischen Minderheit zu sein.

Die folgende Stellungnahme zum Sozialismus erschien 1949 als Teil einer längeren Analyse in der amerikanischen Zeitschrift Monthly Review.

WARUM SOZIALISMUS

Die vorherrschende Situation in einer auf privatem Besitz des Kapitals beruhenden Wirtschaft ist durch zwei Hauptprinzipien charakterisiert: Erstens, die Produktionsmittel (das Kapital) befinden sich in Privatbesitz, und die Besitzer verfügen über sie, wie sie es für richtig halten; zweitens, der Arbeitsvertrag ist frei. Natürlich gibt es keine in diesem Sinne rein kapitalistische Gesellschaft. Insbesondere ist festzustellen, daß die Arbeiter durch lange und bittere politische Kämpfe eine gewisse Verbesserung des ‹freien Arbeitsvertrages› für verschiedene Kategorien von Arbeitern durchgesetzt haben. Im ganzen betrachtet unterscheidet sich die heutige Wirtschaft allerdings nicht sehr vom ‹reinen› Kapitalismus.
Die Produktion ist am Gewinn orientiert, und nicht am Nutzen. Keine Vorsorge ist getroffen, daß alle diejenigen, die fähig und willig sind zu arbeiten, auch in Zukunft stets in der Lage sein werden, einen Arbeitsplatz zu finden; ein ‹Heer der Arbeitslosen› gibt es bereits. Der Arbeiter muß immer fürchten, seinen Arbeitsplatz zu verlieren. Der technologische Fortschritt hat nur allzuoft größere Arbeitslosigkeit zur Folge, anstatt die allgemeine Last der Arbeit für alle zu erleichtern. Das Motiv des Profits, in Verbindung mit dem kapitalistischen Wettbewerb, ist verantwortlich für den Unsicherheitsfaktor in der Ansammlung und dem Gebrauch des Kapitals, was zu immer größeren Krisen führt. Unbeschränkter Wettbewerb führt zu einer beträchtlichen Verschwendung der Arbeitskräfte und einer Verkrüppelung des sozialen Bewußtseins des Individuums. Diese Verkrüppelung des Individuums ist meiner Ansicht nach das größte Übel des Kapitalismus. Unser gesamtes Erziehungssystem ist von diesem Übel betroffen. Eine übertriebene Wettbewerbshaltung wird dem Studenten eingeimpft, und er wird dazu erzogen, besitzerwerbenden Erfolg als Vorbereitung auf seine zukünftige Karriere anzubeten.
Ich bin davon überzeugt, daß es nur einen Weg gibt, um diesem großen Übel beizukommen, und zwar durch die Errichtung einer sozialistischen Wirtschaft und die Heranbildung eines Erziehungssystems, das sich an sozialen Zielen orientiert.

Danksagung

Kein Buch wird je von einem Autor allein geschrieben – und nicht einmal von zweien. Rius schuf die ‹Anfänger›-Reihe. Mitglieder von Science for the People, der British Society for Social Responsibility in Science und des Radical Journal sind im Begriff, eine Kritik der Wissenschaft in der kapitalistischen Gesellschaft zu entwickeln. Bücher und Abbildungen in der British Museum Library erlaubten uns, ein paar lehrreiche und vergnügliche Stunden zu verbringen. Steve Bernow, Paul Raskin, Ted Werntz und Altheia Jones-Lecointe sind Aktivisten, mit denen ich meine wissenschaftliche Arbeit und Erziehung teilte. Dick Leigh las das Manuskript und korrigierte sowohl wissenschaftliche als auch politische Irrtümer. Andrew Friend und Andy Metcalf opferten ihre Zeit, um weitaus mehr über die Relativität zu lernen, als sie je erwartet hatten, und machten Vorschläge zur Verbesserung von Form und Inhalt. Gillian Slovo stellte einige grundsätzliche Fragen im Zusammenhang mit der Rolle der Mathematik in der Beschreibung von physikalischen Phänomenen und gab ihre freundliche Unterstützung in schwierigen Augenblikken. Sara Baerwald und Ed Lebar erduldeten mich vier Monate, während Bill Monaghan sich dauernd einmischte. Susie Orbach schließlich erinnerte mich laufend daran, daß ich mich trotz aller Anzeichen des Gegenteils gut amüsierte. Ohne sie hätte ich die Arbeit nie geschafft.
P. S. Und meinen Dank an Lo.

Tips für weitere Lektüre

Von Einstein

Albert Einstein: **Über die Spezielle und Allgemeine Relativitätstheorie.** Wiesbaden ^{22}1972.

Albert Einstein: **Grundzüge der Relativitätstheorie.** Wiesbaden ^{5}1972.

Albert Einstein/Leopold Infeld: **Die Evolution der Physik.** Wien 1950.

Albert Einstein: **Mein Weltbild**. Neu herausgegeben von Carl Seelig. Berlin 1979 (TB).

Albert Einstein: **Aus meinen späten Jahren**. Neuauflage. Deutsche Verlags-Anstalt, Stuttgart 1988.

Über Einstein

Helen Dukas/Banesh Hoffmann: **Albert Einstein. Schöpfer und Rebell.** Frankfurt/M. 1978 (TB).

Jeremy Bernstein: **Albert Einstein.** München 1975 (TB).

Philipp Frank: **Einstein. Sein Leben und seine Zeit.** München 1949.

Paul Arthur Schilpp (Hg.): **Albert Einstein als Philosoph und Naturforscher.** Stuttgart 1955. (Enthält Einsteins «Autobiographie» und Wertungen seiner Arbeit durch Physiker und Philosophen.)

Carl Seelig: **Albert Einstein. Eine dokumentarische Biographie**. Zürich 1952.

Johannes Wickert: **Albert Einstein in Selbstzeugnissen und Bilddokumenten.** Reinbek 1972 (TB).

Über Relativität

gibt es tausend Sachen. Die lesbarste Einführung stammt von einem Geistesbruder Einsteins –

Bertrand Russell: **Das Abc der Relativitätstheorie**. Neu herausgegeben von Felix Pirani. Reinbek 1972 (TB).
Der vorliegende Band stützt sich in den Passagen über die Relativitätstheorie stark auf Einsteins Aufsatz **Zur Elektrodynamik bewegter Körper** in den‹Annalen der Physik› Bd. XVII, 1905 und auf seine gesammelten Abhandlungen **Über die spezielle und allgemeine Relativitätstheorie.**

Über Wissenschaft und Gesellschaft

Wissenschaftszeitschriften, auch wenn sie populär gemacht sind, wie **Science**, **Nature** oder **Bild der Wissenschaft**, folgen in aller Regel der herkömmlichen Auffassung, daß Wissenschaft neutral sei, auf dem Pfad der Logik vorangetrieben durch die Kraft des Genies. Andere Sichtweisen vertreten am entschiedensten einige englischsprachige Magazine:

Science for the People
(zweimonatlich)
897 Main Street
Cambridge/Mass.
USA 02139

Science for the People
(vierteljährlich)
9 Poland Street
London W 1

Radical Science Journal
(jährlich)
9 Poland Street
London W 1

Undercurrents
(zweimonatlich)
27 Clerkenwell Close
London EC 1

Science Bulletin
(vierteljährlich)
27 Bedford Street
London WC 2

In England gibt es seit längerer Zeit auch wissenschaftskritische Veröffentlichungen marxistischer Wissenschaftler. Bei uns am bekanntesten wurde

John Desmond Bernal: **Sozialgeschichte der Wissenschaften.** 4 Bände. Reinbek 1970

Für unseren Zusammenhang wichtig sind die Bände 2 (Die Geburt der modernen Wissenschaft/Wissenschaft und Industrie) und 3 (Die exakten Wissenschaften im 20. Jahrhundert).